AGLAÉ BLIN

j'aime et je cuisine l'abricot

Photographies d'Anthony Lanneretonne

rustica éditions

Dépôt légal : mai 2007
ISBN : 978-2-84038-743-5
N° d'éditeur : 48635 (F 07016)

Sommaire

Sommaire

Sommaire

abricot l'abricot

Originaire de Chine, l'abricot était alors petit et rarement parfumé, sans doute plus adapté au séchage en vue de sa conservation qu'au plaisir d'une dégustation à l'état frais. Pour obtenir ce délicieux fruit que nous apprécions aujourd'hui, il faut attendre que le jardinier de Louis XIV, La Quintinie, se penche sur la sélection des meilleurs arbres fruitiers. Au XVIIIe siècle, Louis XV en raffole : l'abricot est lancé ! Dernier défi des producteurs : allier qualité gustative, bel aspect et bonne tenue. Les récentes variétés sont la démonstration de leur succès.

Comment le choisir

L'abricot ne se conçoit que bien mûr (sitôt détaché de sa branche, il n'évolue pratiquement plus). Il est vrai que, trop ferme, il reste sans goût ; trop avancé, il devient farineux. Idéalement, il doit être de taille moyenne, ni trop gros ni trop petit. Ne vous fiez pas à sa couleur qui est définitive bien avant la fin de sa maturation. En revanche, vous pouvez faire confiance à sa souplesse et à son parfum épanoui. Mais le plus sûr moyen de ne pas vous tromper est néanmoins d'en goûter un.

Ses atouts-santé

Deux beaux abricots frais par jour (120 g net) apportent la moitié du carotène qui nous est conseillé chaque jour. C'est ce **bêta-carotène** (précurseur de la vitamine A) qui donne au fruit sa jolie couleur et à notre peau éclat et bonne mine. Et avec 47 calories aux 100 g, on aurait tort de s'en priver.

Ce fruit du soleil apporte également du **potassium** (ce qui fait de lui l'ami des sportifs), des **oligo-éléments** très variés (fer, manganèse, cuivre, zinc...), sans oublier des **fibres** (essentiellement des pectines) bien tolérées par les organismes les plus fragiles, même par les bébés qui font de l'abricot une de leurs premières découvertes gustatives fruitées.

La saison préférée de l'abricot

Janv.	Fév.	Mars	Avr.	**Mai**	**Juin**	**Juil.**	**Août**	Sept.	Oct.	Nov.	Déc.

Comment le conserver

Vous vous en doutez, l'abricot n'aime pas le froid. Alors, achetez des fruits en fonction de vos besoins. Réservez-les à température ambiante (sans les entasser) ou, s'il y a de l'humidité dans l'air, placez-les dans une boîte hermétique, dans le bac à légumes du réfrigérateur. Évitez de les faire trop attendre. Au-delà de 48 heures, ils se déshydratent, ce qui nuit à leur chair à la fois bien sucrée et acide.

Ses variétés

Il existe actuellement une centaine de variétés à l'étude pour élargir le calendrier de production qui s'échelonne en France du 25 mai au 15 août (les abricots français sont les meilleurs du monde). Mais on trouve des abricots dès la fin avril et jusqu'en septembre grâce aux importations.

- En début de saison, de fin mai à début juin : l'early blush, aussi fragile qu'une pêche (il ne voyage pas) et subtilement parfumé, le lambertin à la chair sucrée mais en perte de vitesse au profit du tom cot, sucré et acidulé, et de l'orangered, une variété de référence aux parfums fruités et floraux.

- En pleine saison, de mi-juin à mi-juillet : le goldrich (ou jumbocot), sucré et bien juteux s'il est cueilli à point, le rouge du Roussillon, un petit calibre de grande qualité mais qui évolue très rapidement (qui ne voyage donc pas très bien), le kioto, au goût équilibré, sucré et peu parfumé et l'orangé de Provence ou « polonais », roi des confitures et reconnaissable à sa robe mouchetée de rouge.

- En fin de saison, de mi-juillet à mi-août : toujours l'orangé de Provence (jusqu'à fin juillet), le bergarouge, un gros fruit très coloré au parfum d'abricot typé, et le bergeron doté d'une face rouge et d'une autre orangée, avec une chair ferme acidulée.

Trucs et astuces

- **Rincez les abricots, qu'ils soient frais ou secs, car les fruits sont presque toujours traités et une amertume peut subsister.**

- **Dans une compote, joignez les noyaux concassés (avec un marteau car ils sont très durs) et enfermés dans un nouet de mousseline en début de cuisson. Cela apporte un subtil parfum d'amande amère.**

- **Quelques dés d'abricots crus apportent une touche de couleur et une saveur acidulée à maintes salades composées.**

- **À leur pleine saison, congelez-les : ouvrez-les, ôtez les noyaux, puis faites-les durcir sur un plateau avant de les ranger dans des sachets.**

Crostini à l'abricot et brique de brebis

4 PERS. // PRÉPARATION : 10 MIN // CUISSON : 3 MIN

- 1/2 baguette de campagne
- 1/2 brique de brebis (75 g)
- 3 abricots
- 1 cuil. à soupe d'huile d'olive
- 1 cuil. à café de fleurs de thym
- Poivre du moulin

Coupez la demi-baguette de pain en une douzaine de petites tranches. Déposez-les sur la plaque du four et arrosez chacune d'elles d'un filet d'huile d'olive. Faites-les dorer quelques secondes sous le gril du four en les retournant.

Coupez la brique de brebis en tranches. Recoupez chaque tranche en deux. Rincez et essuyez les abricots. Ouvrez-les et dénoyautez-les. Coupez-les en lamelles, que vous déposez sur les tranches de pain grillé, en les alternant avec les demi-tranches de brebis. Poivrez au moulin. Parsemez de thym.

Repassez le tout quelques secondes sous le gril du four pour que le fromage commence tout juste à fondre. Servez ces crostini tièdes soit à l'apéritif, soit en entrée avec une salade romaine à la citronnette (huile d'olive-jus de citron).

Variante

Remplacez la brique de brebis par un crottin de chèvre et la fleur de thym (qui désigne les feuilles sèches et effeuillées et non les sommités fleuries) par des petits brins de sarriette.

Salade de crabe aux abricots

6 PERS. // PRÉPARATION : 15 MIN

- 300 g de chair de crabe
- 8 abricots
- 150 g de pousses d'épinards
- 2 oignons frais
- 2 cuil. à soupe de jus d'orange
- 3 cuil. à soupe d'huile de colza
- 2 cuil. à café de vinaigre balsamique
- 2 cuil. à soupe d'huile d'olive
- 1 pincée de sucre
- Piment d'Espelette
- Fleur de sel, poivre

Dans un saladier, mélangez le jus d'orange, 1 pincée de fleur de sel et le sucre. Ajoutez l'huile de colza en fouettant vivement à la fourchette. Poivrez.

Effilochez la chair de crabe en éliminant les cartilages. Rincez et essuyez les abricots. Ouvrez-les et dénoyautez-les. Coupez-les en lamelles. Pelez et émincez les oignons. Ajoutez le tout dans le saladier. Mélangez délicatement.

Rincez et essorez les pousses d'épinards. Mettez-les dans un second saladier. Arrosez-les de vinaigre balsamique et d'huile d'olive. Salez et poivrez. Tournez rapidement, puis répartissez dans des verres. Ajoutez par-dessus la salade de crabe et d'abricots. Relevez avec du piment d'Espelette. Servez rapidement.

Conseil

Pour le choix du crabe, vous pouvez utiliser soit une douzaine de pinces de tourteaux cuites et décortiquées (fraîches ou surgelées) soit 2 boîtes de crabe royal (en conserve ou surgelé).

Grand taboulé fruité

6 PERS. // PRÉPARATION : 30 MIN // CUISSON : 15 MIN // RÉFRIGÉRATION : 2 H

- **250 g de boulgour (blé concassé)**
- **2 poivrons rouges**
- **2 oignons rouges**
- **6 abricots**
- **2 citrons**
- **2 oranges**
- **60 g de raisins secs**
- **3 cuil. à soupe de pignons**
- **1 bouquet de coriandre**
- **4 brins de menthe**
- **8 cuil. à soupe d'huile d'olive**
- **Piment de Cayenne**
- **Sel**

Versez le boulgour dans un saladier. Recouvrez-le d'eau froide. Laissez tremper pendant 30 min.

Pendant ce temps, faites griller les poivrons sous le gril du four pendant environ 15 min. Pelez-les ensuite sous un filet d'eau froide. Épépinez-les, puis coupez-les en lanières. Pelez et hachez les oignons. Rincez et essuyez les abricots. Ouvrez-les et dénoyautez-les. Coupez-les en dés. Pressez le jus des citrons et des oranges. Rincez les raisins secs. Faites dorer les pignons, à sec, dans une poêle antiadhésive bien chaude. Ciselez les feuilles de coriandre et de menthe.

Égouttez soigneusement le boulgour. Remettez-le dans le saladier avec les poivrons, les oignons, les abricots, les raisins, les pignons et les fines herbes ciselées. Arrosez le tout avec le jus des agrumes et l'huile d'olive. Salez et relevez avec du piment de Cayenne. Couvrez et réservez au réfrigérateur pendant au minimum 2 h. Servez très frais.

Conseil

Il est important de bien égoutter le boulgour, l'idéal étant de le sécher dans un torchon.

Brochettes de canard et d'abricots

6 PERS. // PRÉPARATION : 20 MIN // MACÉRATION : 1 H // CUISSON : 6 MIN

- 3 magrets de canard
- 600 g d'abricots
- 4 gousses d'ail
- 1 cuil. à café de thym
- 1 feuille de laurier
- 1 cuil. à café de poivre concassé
- 2 cuil. à soupe de gros sel
- 25 g de beurre de cuisson
- 1 cuil. à soupe de miel
- 1 pincée de cannelle

Entaillez la peau des magrets de canard avec un couteau pointu. Mélangez les gousses d'ail pelées et écrasées avec le thym, le laurier émietté, le poivre concassé et le gros sel. Frottez les magrets avec cette préparation, sur les deux faces. Placez-les au réfrigérateur pendant 1 h.

Au bout de ce temps, essuyez les magrets pour les débarrasser de l'excès de sel. Coupez-les en morceaux. Rincez et essuyez les abricots. Ouvrez-les et dénoyautez-les. Coupez-les en quartiers. Enfilez-les sur des brochettes en les alternant avec les morceaux de magrets.

Faites fondre le beurre avec le miel dans une petite casserole. Parfumez de cannelle. À l'aide d'un pinceau, badigeonnez les abricots de ce mélange.

Faites griller les brochettes, pendant 5 à 6 min, au barbecue (ou sous le gril du four), en les tournant régulièrement. Accompagnez d'un riz rose de Thaïlande (mélange de riz blanc et de riz rouge).

Conseil

Faites griller ces brochettes à 20 cm minimum au-dessus des braises du barbecue. Trop près de la source de chaleur, les abricots noircissent.

Poulet confit de Véronique

4 PERS. // PRÉPARATION : 10 MIN // CUISSON : 1 H 15

- **4 cuisses de poulet**
- **1/2 boîte d'abricots au sirop**
- **4 cuil. à soupe de soupe à l'oignon en sachet**

Préchauffez le four à 180 °C (th. 6). Égouttez le contenu de la boîte d'abricots en en recueillant le sirop. Étalez une couche d'oreillons d'abricots dans un plat à four. Déposez par-dessus les cuisses de poulet coupées en deux. Recouvrez d'abricots.

Parsemez le tout de soupe à l'oignon en sachet à sec. Arrosez de 4 cuillerées à soupe du sirop réservé. Enfournez et faites cuire pendant 1 h 15, en arrosant trois fois du jus de cuisson allongé de 1 à 2 cuillerées à soupe de sirop. Au terme de la cuisson, le poulet est confit dans un jus sirupeux et parfaitement assaisonné par la soupe à l'oignon. Servez directement dans le plat de cuisson, avec du riz basmati en garniture.

Conseil

C'est une recette qui se transmet d'amie à amie et qui fait toujours son petit effet. Le sel est inutile, puisque la soupe à l'oignon sert d'assaisonnement. En revanche, un peu de gingembre et/ou de cannelle donneront une touche orientale à ce plat original.

Filet mignon rôti aux abricots

4 PERS. // PRÉPARATION : 15 MIN // MACÉRATION : 1 H // CUISSON : 40 MIN

- **1 filet mignon de porc d'environ 600 g**
- **8 abricots un peu fermes**
- **1 citron**
- **1 cuil. à soupe de miel liquide**
- **3 cuil. à soupe de sauce soja**
- **1/2 cuil. à café de cinq-parfums**
- **1 cuil. à soupe d'huile d'olive**

Dans un bol, mélangez le jus du citron, le miel et la sauce soja. Arrosez le filet mignon avec cette préparation. Laissez mariner pendant 1 h.

Préchauffez le four à 180 °C (th. 6). Rincez et essuyez les abricots. Une fois le temps de macération écoulé, égouttez le filet mignon et déposez-le dans un plat à rôtir. Saupoudrez-le de cinq-parfums chinois et disposez tout autour les abricots entiers. Arrosez le tout d'un filet d'huile d'olive et versez 3 cuillerées à soupe d'eau dans le fond du plat. Faites cuire au four pendant 40 min, en arrosant fréquemment le filet mignon et les abricots de leur jus.

En fin de cuisson, versez la marinade dans le plat de cuisson. Servez le filet bien chaud, accompagné de nouilles sautées chinoises.

Conseil

Le cinq-parfums contient traditionnellement, en quantité égale, de la badiane, de la cannelle, des clous de girofle, des graines de fenouil et du poivre de Sichuan. Souvent, ce mélange d'épices chinois s'enrichit de cumin, d'écorces de fruits ou de réglisse.

Tajine d'agneau aux abricots

6 PERS. // PRÉPARATION : 30 MIN // CUISSON : 1 H 15

- 1,2 kg d'épaule d'agneau coupée en morceaux de 3 cm de côté
- 500 g d'abricots secs
- 2 gros oignons
- 125 g d'amandes entières mondées
- 50 g de pistaches décortiquées nature
- 1 pointe de couteau de safran en filaments
- 1 cuil. à café de gingembre en poudre
- 1 cuil à café de cannelle en poudre
- 3 cuil. à soupe d'huile
- 3 cuil. à soupe de sucre en poudre
- 6 brins de coriandre
- Sel, poivre

Faites chauffer 2 cuillerées à soupe d'huile dans une cocotte et faites-y dorer les morceaux de viande, pendant 10 min, en les retournant. Retirez la viande et remplacez-la par les oignons pelés et émincés. Faites-les fondre pendant 5 min. Ajoutez-leur le sucre, le safran et 1 cuillerée à soupe d'eau. Mélangez bien.

Remettez la viande dans la cocotte. Salez et poivrez. Parfumez avec le gingembre et la cannelle. Mouillez d'eau juste à hauteur pour recouvrir à peine la viande. Laissez cuire, à couvert, à feu doux, pendant 30 min.

Rincez et égouttez les abricots. Ajoutez-les à la préparation. Prolongez la cuisson pendant 30 min.

Pendant ce temps, faites dorer les amandes à la poêle dans le reste d'huile. Éparpillez-les sur la préparation avec les pistaches grossièrement concassées au dernier moment. Parsemez de coriandre et servez bien chaud. Accompagnez ce tajine d'un riz blanc ou de couscous.

Conseil

Sachez que les meilleurs abricots secs viennent de Turquie.

Terrine de cerises et d'abricots à la verveine

6 PERS. // PRÉPARATION : 30 MIN // CUISSON : 1 H 15 // ATTENTE : 12 H

- 400 g d'abricots
- 400 g de cerises
- 8 œufs
- 200 g de sucre en poudre
- 20 cl de crème fraîche
- 50 g de beurre
- 2 brins de verveine fraîche

Rincez et essuyez les abricots. Ouvrez-les et dénoyautez-les. Coupez-les en quartiers. Tournez-les dans 50 g de sucre et faites-les revenir à la poêle, dans 25 g de beurre, pendant 5 min, puis égouttez.

Dénoyautez les cerises. Roulez-les dans 50 g de sucre en poudre. Faites-les également revenir à la poêle, dans le reste de beurre, pendant 5 min. Retirez-les et égouttez-les également.

Préchauffez le four à 150 °C (th. 5). Battez 4 œufs en omelette avec 50 g de sucre, 10 cl de crème et la moitié de la verveine finement ciselée. Mélangez-y les cerises tiédies. Versez dans un moule à cake antiadhésif de 30 cm de long. Faites cuire au four, à chaleur tournante (ou au bain-marie), pendant 20 min.

Battez les 4 œufs restants avec le reste de sucre, le reste de crème et de verveine. Ajoutez les abricots. Versez dans le moule. Poursuivez la cuisson pendant 45 min. Au terme de la cuisson, la surface doit être ferme. Après refroidissement, réservez au réfrigérateur pendant 12 h.

Démoulez la terrine et coupez-la en tranches au dernier moment. Servez très frais, avec un coulis de framboises en accompagnement.

Conseil

Versez les œufs avec les abricots très lentement sur la première couche, celle-ci étant à peine prise et encore fragile.

Compote d'abricots au miel

4 PERS. // PRÉPARATION : 20 MIN // CUISSON : 10 MIN

- 1 kg d'abricots bien mûrs
- 150 g de sucre
- 3 cuil. à soupe de miel
- 1 gousse de vanille

Rincez et essuyez les abricots. Ouvrez-les et dénoyautez-les. Concassez les noyaux au marteau. Enfermez-les dans un nouet de mousseline. Dans une casserole, portez 50 cl d'eau à ébullition avec le sucre, la gousse de vanille fendue et les noyaux. Laissez bouillir pendant 5 min.

Ajoutez les abricots dans la casserole et laissez-les cuire, à feu doux, pendant 5 min. Retirez du feu. Faites alors fondre le miel dans le sirop de cuisson, couvrez et laissez refroidir les abricots dans leur sirop.

Retirez les noyaux et la gousse de vanille. Égouttez les abricots, puis mixez-les en purée avec quelques cuillerées du sirop de cuisson. Parfumez celle-ci avec de la vanille dont vous aurez gratté les graines avec la pointe d'un couteau. Versez-la dans un compotier. Servez cette compote bien fraîche, accompagnée d'une brioche tiède ou d'une glace vanille.

Variante

Pour gagner du temps, mettez les abricots dénoyautés avec le sucre et la vanille (sans ajouter d'eau) dans un plat couvert. Faites cuire de 6 à 8 min au micro-ondes réglé à pleine puissance, puis mixez avec le miel.

Crumble d'abricots au pain d'épice

4 PERS. // PRÉPARATION : 15 MIN // CUISSON : 8 MIN

- **1 kg d'abricots**
- **12 tranches de pain d'épice rassis (200 g)**
- **60 g de beurre**
- **80 g de cassonade**
- **2 cuil. à soupe de miel**

Faites toaster les tranches de pain d'épice. Laissez-les refroidir pour qu'elles durcissent, puis mixez-les pour les réduire en chapelure grossière.

Rincez et essuyez les abricots. Ouvrez-les et dénoyautez-les. Faites fondre 40 g de beurre dans une poêle et faites-y revenir les abricots, à feu vif, pendant 3 min. Sucrez-les avec la cassonade. Prolongez la cuisson pendant 3 min, afin qu'ils caramélisent légèrement. Hors du feu, ajoutez le miel dans la poêle et faites-le fondre.

Répartissez le contenu de la poêle dans 4 ramequins plats. Parsemez de chapelure de pain d'épice et de 20 g de beurre détaillé en parcelles. Passez-les quelques secondes sous le gril du four (attention, ça brûle vite !). Servez aussitôt.

Conseil

Actionnez le mixeur par à coups, afin de réduire les tranches de pain d'épice en grosse semoule et non en poudre.

Biscuit au muscat et compotée du soleil

6 PERS. // PRÉPARATION : 30 MIN // CUISSON : 50 MIN

Pour le biscuit

- 3 œufs
- 150 g de sucre en poudre
- 10 cl de muscat de beaumes-de-venise
- 10 cl d'huile d'olive
- 200 g de farine à gâteaux (avec poudre levante incorporée)
- Sucre glace

Pour la compotée

- 1 kg d'abricots bien mûrs
- 150 g de sucre en poudre
- 2 cuil. à soupe d'huile d'olive
- 1 cuil. à soupe de fleurs de lavande

Pour le biscuit, préchauffez le four à 150 °C (th. 5). Dans une jatte, fouettez les œufs avec le sucre en poudre, jusqu'à ce que le mélange blanchisse. Incorporez ensuite le muscat, l'huile d'olive, puis la farine. Mélangez bien en battant rapidement.

Versez la pâte dans un moule à manqué antiadhésif de 20 cm de diamètre. Faites cuire au four pendant 40 min. Laissez tiédir, puis démoulez et poudrez le biscuit d'un voile de sucre glace.

Pour la compotée, rincez et essuyez les abricots. Ouvrez-les et dénoyautez-les. Faites chauffer l'huile dans une sauteuse. Ajoutez les abricots et le sucre en poudre. Mélangez et laissez cuire, à feu vif, pendant 8 à 10 min, en remuant souvent. Parfumez avec les fleurs de lavande en fin de cuisson. Versez dans un compotier. Servez de préférence tiède, accompagné du biscuit coupé en parts.

Conseil

Pour que les abricots caramélisent légèrement, ce qui leur apporte un supplément de saveur, veillez à mener la cuisson sur feu vif.

Muffins aux pépites d'abricots

6 PERS. // PRÉPARATION : 15 MIN // CUISSON : 20 MIN

- 150 g d'abricots secs
- 1 œuf
- 125 g de beurre
- 10 cl de lait
- 180 g de farine à gâteaux (avec poudre levante incorporée)
- 90 g de sucre en poudre
- 1 pincée de gingembre en poudre
- 1 pincée de vanille
- 1/2 cuil. à café de sel

Rincez, essuyez et coupez les abricots secs en petits morceaux. Faites fondre le beurre. Laissez-le tiédir. Préchauffez le four à 200 °C (th. 6-7).

Cassez l'œuf dans une jatte. Battez-le à la fourchette avec le beurre fondu, le lait et le sel. Incorporez ensuite la farine, le sucre, le gingembre et la vanille sans trop travailler la pâte. Ajoutez enfin les abricots.

Versez la pâte obtenue dans les 6 empreintes d'un moule à muffins en silicone, en ne les remplissant qu'aux trois quarts. Faites cuire au four pendant 20 min. Au bout de 5 min, ramenez la température du four à 180 °C (th. 6). Laissez tiédir, puis démoulez.

Conseil

Pas de moule à muffins ? Utilisez des caissettes de papier plissé. Emboîtez-les trois par trois pour les consolider et rangez-les sur la plaque du four avant de les remplir de pâte aux trois quarts. Si vous réalisez des mini-muffins, ils seront cuits en 15 min.

Tartines d'abricots aux amandes

4 PERS. // PRÉPARATION : 15 MIN // CUISSON : 15 MIN

- 4 tranches épaisses de brioche
- 8 abricots bien mûrs
- 25 g de beurre
- 8 cuil. à soupe de sucre en poudre
- 2 blancs d'œufs
- 4 cuil. à soupe de sucre glace
- 4 cuil. à soupe d'amandes effilées
- 1 pincée de sel

Allumez le four à 180 °C (th. 6). Rincez et essuyez les abricots. Ouvrez-les et dénoyautez-les. Coupez-les en quartiers.

Beurrez les tranches de brioche. Garnissez-les avec les abricots, face coupée en l'air. Saupoudrez chaque tartine de 2 cuillerées à soupe de sucre en poudre. Passez-les 5 min au four.

Montez les 2 blancs d'œufs en neige avec la pincée de sel. Incorporez-leur le sucre glace tout en continuant à les battre. Recouvrez chaque tartine de cette meringue. Parsemez d'amandes. Remettez au four pour 10 min. Servez ces tartines de préférence tièdes.

Variante

Vous n'avez pas d'abricots frais sous la main ? Remplacez-les tout simplement par une bonne confiture d'abricots à étaler en couche épaisse sur les tranches de brioche. Recouvrez de meringue et passez au four.

Gâteau aux abricots

4 PERS. // PRÉPARATION : 20 MIN // CUISSON : 30 MIN

- **500 g d'abricots mûrs mais fermes**
- **100 g de farine à gâteaux (avec poudre levante incorporée)**
- **140 g de sucre en poudre**
- **2 œufs**
- **80 g de beurre**
  + 15 g pour le plat
- **2 cuil. à soupe de lait**
- **2 cuil. à soupe d'huile**
- **1 bonne pincée de cannelle**
- **1 pincée de sel**

Préchauffez le four à 180 °C (th. 6). Dans une jatte, mélangez la farine, 80 g de sucre, 1 œuf entier, le lait, l'huile, la cannelle et le sel. Versez la pâte dans un plat en porcelaine à feu beurré.

Rincez et essuyez les abricots. Ouvrez-les et dénoyautez-les. Coupez-les en lamelles. Disposez celles-ci sur la pâte, côté bombé dessous, en les serrant bien. Enfournez et faites cuire pendant 15 min.

Dans un bol, mélangez le beurre fondu tiédi avec le deuxième œuf et le reste de sucre. Versez le mélange sur les abricots. Poursuivez la cuisson pendant 15 min. Servez tiède, ou à température ambiante, dans le plat de cuisson.

Conseil

Pour en faire ressortir la saveur, il faut toujours ajouter une pointe de sel dans la pâte. Le beurre demi-sel est également vivement recommandé dans de nombreux desserts.

Croustillants d'abricots à la lavande

4 PERS. // PRÉPARATION : 15 MIN // CUISSON : 10 MIN

- **4 feuilles de pâte filo**
- **12 abricots**
- **75 g de beurre**
- **4 cuil. à soupe de cassonade**
- **1 cuil. à soupe de fleurs de lavande**
- **Sucre glace**

Préchauffez le four à 240 °C (th. 8). Faites fondre 50 g de beurre. Coupez chaque feuille de pâte filo en 6 carrés. Badigeonnez-les de beurre fondu sur les deux faces. Saupoudrez-les d'un voile de sucre glace. Déposez-les ensuite sur une plaque recouverte d'une feuille de papier cuisson. Faites-les dorer au four, pendant 3 min, en procédant en deux fournées.

Rincez et essuyez les abricots. Ouvrez-les et dénoyautez-les. Coupez-les en quartiers et saupoudrez-les de cassonade. Faites fondre le restant de beurre dans une poêle. Faites-y revenir les abricots à feu vif pendant 3 à 4 min. Parsemez-les de fleurs de lavande.

Répartissez une douzaine de quartiers d'abricots sur 3 carrés de filo superposés. Recouvrez de 3 autres carrés. Procédez de la même façon pour les trois autres croustillants. Servez aussitôt.

Variante

La même recette peut être réalisée avec des feuilles de brick. Coupez alors chacune d'elles en 6 triangles.

Soupe d'abricots-framboises

6 PERS. // PRÉPARATION : 15 MIN // RÉFRIGÉRATION : 2 H

- 1 kg d'abricots très mûrs
- 4 petites barquettes de framboises (500 g)
- 50 cl de muscat de beaumes-de-venise
- 3 cuil. à soupe de miel de lavande
- 2 cuil. à soupe de sucre en poudre
- 1/2 citron
- Quelques petites pousses de menthe

Délayez le miel dans 10 cl de muscat tiédi. Rincez et essuyez les abricots. Ouvrez-les et dénoyautez-les. Mixez-les avec le miel et le reste de muscat. Versez la soupe obtenue dans une jatte. Placez-la au réfrigérateur pendant 2 h.

Mixez 250 g de framboises avec le sucre et un filet de citron. Réservez également ce coulis au réfrigérateur.

Au dernier moment, versez le coulis de framboises dans la soupe d'abricots, sans mélanger. Éparpillez les framboises restantes et décorez de petites pousses de menthe. Dégustez très frais.

Variante

À la place des framboises, utilisez 250 g de fraises pour le coulis, 250 g de fraises des bois pour la garniture.

Tarte aux abricots et romarin

6 PERS. // PRÉPARATION : 15 MIN // CUISSON : 25 MIN

- 1 rouleau de pâte feuilletée pur beurre
- 800 g d'abricots
- 100 g de beurre ramolli
- 100 g de sucre en poudre + 3 cuil. à soupe
- 100 g d'amandes en poudre
- 1 gros œuf
- 1 cuil. à café rase de Maïzena
- 2 brins de romarin

Préparez une crème d'amandes : fouettez le beurre ramolli avec le sucre. Incorporez les amandes en poudre, la Maïzena et l'œuf.

Préchauffez le four à 200 °C (th. 6-7). Déroulez la pâte feuilletée sur sa feuille de cuisson. Déposez-la sur la plaque de votre four. Repliez les bords pour former un petit bourrelet qui retiendra la garniture. Piquez toute la surface avec les dents d'une fourchette. Tartinez le fond avec la crème d'amandes.

Rincez et essuyez les abricots. Ouvrez-les et dénoyautez-les. Coupez chaque oreillon en deux et déposez-les sur la crème, côté bombé dessous. Saupoudrez la tarte de 3 cuillerées à soupe de sucre. Parsemez de romarin. Faites cuire au four pendant 25 min.

Servez cette tarte de préférence encore tiède.

Conseil

Si le beurre est dur à la sortie du réfrigérateur, il suffit de le passer quelques secondes au micro-ondes en mode décongélation.

Trifle aux abricots

4 PERS. // PRÉPARATION : 15 MIN

- **1/2 boîte d'abricots au sirop**
- **1 cuil. à soupe d'eau de fleur d'oranger**
- **8 palets bretons**
- **4 pots de fontainebleau**
- **2 cuil. à soupe de pistaches nature**

Égouttez les abricots en mettant de côté 6 cuillerées à soupe de sirop. Coupez les oreillons d'abricots en petits morceaux. Parfumez le sirop réservé d'eau de fleur d'oranger.

Écrasez les palets bretons entre les mains pour les réduire en miettes grossières. Concassez les pistaches.

Versez une couche de miettes de biscuits dans chaque verre. Recouvrez de quelques morceaux d'abricots, puis de la moitié d'un pot de fontainebleau. Nappez d'un peu de sirop. Recouvrez à nouveau de miettes, puis d'abricots et du reste de fontainebleau. Parsemez de pistaches. Procédez de la même manière pour les trois autres trifles. Entreposez au réfrigérateur jusqu'au moment du dessert.

Conseil

On trouve les pots de fontainebleau (mélange de fromage blanc et de crème fouettée) uniquement chez les fromagers-affineurs. À défaut, remplacez-les par des pots de Gervita nature.

Tatin d'abricots

6 PERS. // PRÉPARATION : 30 MIN // CUISSON : 40 MIN

- 1 kg d'abricots
- 1 rouleau de pâte brisée
- 200 g de sucre en poudre
- 100 g de beurre

Rincez et essuyez les abricots. Ouvrez-les en deux et retirez-en le noyau.

Étalez 50 g de beurre dans le fond d'un moule à manqué. Saupoudrez de 100 g de sucre. Disposez une couche d'oreillons d'abricots, côté bombé dessous, en les serrant. Recouvrez des abricots restants coupés en morceaux. Placez le moule sur feu doux. Laissez cuire pendant environ 15 min, jusqu'à ce que le jus des abricots s'évapore en partie et qu'un caramel se forme sur les bords du moule.

Hors du feu, saupoudrez les abricots avec le reste de sucre. Parsemez le restant de beurre détaillé en parcelles, puis laissez refroidir.

Préchauffez le four à 220 °C (th. 7-8). Déroulez la pâte. Déposez-la sur les abricots, en la faisant pénétrer jusqu'au fond du moule. Faites cuire au four pendant 25 min. Démoulez à la sortie du four. Servez cette tarte Tatin de préférence tiède, accompagnée d'une glace vanille.

Conseil

Réussite garantie avec un moule pour tarte Tatin. Sa particularité : un triple fond inox qui permet de réaliser directement le caramel. Avec un moule ordinaire, le démoulage est nettement plus risqué.

Tian d'abricots

6 PERS. // PRÉPARATION : 20 MIN // CUISSON : 45 MIN

- 1,5 kg d'abricots
- 100 g d'amandes en poudre
- 100 g d'amandes effilées
- 50 g de pignons
- 100 g de farine
- 100 g de sucre en poudre
- 150 g de beurre ramolli
  + 15 g pour le moule
- 1 pincée de sel

Préchauffez le four à 180 °C (th. 6). Rincez et essuyez les abricots. Ouvrez-les et dénoyautez-les. Déposez-les, bien serrés, dans un tian beurré (plat à four en terre vernissée), côté bombé dessous.

Mélangez les amandes en poudre, la farine, le sucre, le beurre ramolli et le sel, en effritant la pâte entre les mains pour obtenir un mélange sableux. Incorporez les amandes effilées et les pignons. Recouvrez les abricots avec cette préparation. Faites cuire au four pendant 45 min. Servez tiède, dans le plat de cuisson.

Conseil

Choisissez des abricots bien mûrs et bien sucrés. Au besoin, saupoudrez-les d'un peu de sucre avant de les recouvrir avec la préparation aux amandes.

Clafoutis d'abricots au lait d'amande

6 PERS. // PRÉPARATION : 20 MIN // CUISSON : 35 MIN

- 800 g de petits abricots
- 3 œufs
- 50 g de beurre
  + 15 g pour le plat
- 80 g de sucre en poudre
  + 1 cuil. à soupe
- 80 g d'amandes en poudre
- 20 cl de lait d'amande
- 20 cl de crème liquide
- 40 g de Maïzena
- 1 pincée de sel

Préchauffez le four à 180 °C (th. 6). Beurrez un plat à four. Saupoudrez-le d'une cuillerée à soupe de sucre.

Rincez et essuyez les abricots. Sans les dénoyauter et en les laissant entiers, disposez-les dans le fond du plat.

Faites fondre le beurre. Dans une jatte, fouettez les œufs avec le sucre, les amandes en poudre, la Maïzena, le lait d'amande, la crème, le beurre tiédi et le sel. Versez le mélange sur les abricots. Faites cuire au four pendant 35 min. Servez tiède, dans le plat de cuisson.

Variante

Utilisez du lait de coco et de la noix de coco râpée à la place des amandes. Mais le clafoutis sera plus fade, à moins de relever la pâte d'une bonne pincée d'épices (vanille ou cannelle) et d'un trait de rhum.

Tarte pêche-abricot

6 PERS. // PRÉPARATION : 20 MIN // CUISSON : 30 MIN

- 1 rouleau de pâte brisée
- 5 gros abricots
- 4 pêches
- 16 biscuits italiens « amaretti » (petits macarons secs aux amandes)
- 4 cuil. à soupe de miel

Préchauffez le four à 210 °C (th. 7). Déroulez la pâte brisée. Déposez-la dans un moule à tarte. Piquez le fond avec les dents d'une fourchette. Recouvrez d'une feuille de papier cuisson surmontée de légumes secs. Faites cuire au four pendant 15 min.

Rincez et essuyez les abricots. Ouvrez-les et dénoyautez-les. Coupez-les en lamelles. Pelez les pêches. Coupez-les en deux. Retirez-en le noyau, puis émincez-les.

Débarrassez le fond de tarte de son lestage. Parsemez des biscuits « amaretto » grossièrement écrasés entre les mains. Disposez les lamelles de pêches et d'abricots par-dessus. Faites tiédir le miel, puis nappez-en les fruits. Faites cuire à four très chaud (230 °C ; th. 7-8) pendant 15 min. Démoulez à la sortie du four. Servez la tarte tiède ou froide.

Conseil

Pour précuire la pâte à blanc, utilisez soit des légumes secs, soit des noyaux d'abricots. Conservez-les dans une boîte, afin de les réserver à cet usage.

Flan d'abricots

6 PERS. // PRÉPARATION : 15 MIN // CUISSON : 30 MIN

- **12 abricots**
- **1 citron**
- **4 cuil. à soupe de chapelure**
- **6 œufs**
- **50 g d'amandes en poudre**
- **50 g de beurre + 15 g pour le plat**
- **1 cuil. à soupe de farine**
- **230 g de sucre en poudre**
- **25 cl de crème liquide**
- **1 bouchon de rhum (facultatif)**
- **Sucre glace**

Préchauffez le four à 180 °C (th. 6). Rincez et essuyez les abricots. Ouvrez-les et dénoyautez-les. Beurrez un plat à four. Parsemez le fond de chapelure. Disposez les abricots dans le moule, côté bombé dessous.

Râpez finement le zeste du citron au-dessus d'un saladier. Cassez les œufs dans le saladier. Battez-les au fouet en incorporant les amandes, le beurre fondu, la farine, le sucre, la crème et le rhum.

Versez cette pâte très liquide sur les abricots. Faites cuire au four pendant 30 min. En fin de cuisson, saupoudrez le flan de sucre glace et faites dorer quelques secondes sous le gril du four. Servez tiède ou froid, dans le plat de cuisson.

Conseil

Il faut veiller à ce que le flan ne soit pas trop épais (pas plus de 3 cm). C'est pourquoi il est conseillé d'utiliser un grand plat.

Tarte choco-abricot

6 PERS. // PRÉPARATION : 30 MIN // REPOS DE LA PÂTE : 30 MIN // CUISSON : 30 MIN

Pour la pâte

- 1 œuf
- 125 g de beurre ramolli
- 80 g de sucre glace
- 200 g de farine
- 20 g d'amandes en poudre
- 1 cuil. à soupe de cacao
- 1 pincée de sel

Pour la garniture

- 8 gros abricots
- 200 g de chocolat noir
- 20 cl de crème liquide
- 2 gros œufs
- 1 cuil. à soupe de Maïzena

Conseil

Pour étaler la pâte sans salir le plan de travail, prenez-la en sandwich entre deux feuilles de papier cuisson. Commencez par l'écraser avec la paume de la main, puis terminez au rouleau à pâtisserie.

Réunissez tous les ingrédients de la pâte dans le bol du robot mixeur. Actionnez l'appareil. Façonnez la pâte en une boule, que vous laissez reposer au réfrigérateur pendant 30 min.

Préchauffez le four à 200 °C (th. 6-7). Étalez la pâte. Tapissez-en un moule à tarte. Piquez le fond avec les dents d'une fourchette. Recouvrez d'une feuille de papier cuisson surmontée de légumes secs. Faites cuire au four pendant 10 min.

Portez la crème à ébullition. Hors du feu, faites-y fondre le chocolat cassé en petits morceaux. Dans un bol, battez les œufs à la fourchette avec la Maïzena. Versez dans le chocolat fondu tiédi, en mélangeant vivement.

Rincez et essuyez les abricots. Ouvrez-les et dénoyautez-les. Coupez-les en quartiers. Disposez-les sur le fond de tarte précuit, côté bombé dessous. Versez la préparation au chocolat et faites cuire au four à 180 °C (th. 6) pendant 20 min. Démoulez à la sortie du four. Servez la tarte tiède ou froide.

Cassate sicilienne aux abricots

6 PERS. // PRÉPARATION : 20 MIN // CUISSON : 2 MIN // RÉFRIGÉRATION : 2 H

- 12 tranches de quatre-quarts
- 500 g de ricotta
- 150 g de sucre en poudre
- 12 abricots secs
- 100 g d'écorces d'oranges confites
- 60 g de pistaches nature
- 100 g de copeaux de chocolat
- 6 cuil. à soupe de marasquin
- 5 cuil. à soupe de confiture d'abricots
- Cannelle en poudre

Coupez les abricots secs et les écorces d'oranges confites en petits dés. Concassez les pistaches.

Fouettez la ricotta avec le sucre. Parfumez de cannelle. Incorporez les abricots, la moitié des écorces confites, la moitié des pistaches et des copeaux de chocolat (réservez le reste pour la finition).

Détendez la confiture d'abricots avec 1 cuillerée à soupe d'eau tiède. Filtrez, pour retirer les morceaux et obtenir un nappage lisse.

Coupez les tranches de quatre-quarts aux dimensions des verrines. Déposez une tranche dans le fond de chacune d'elles. Aspergez d'un peu de marasquin. Recouvrez avec la préparation à la ricotta, puis avec les tranches de quatre-quarts restantes. Aspergez à nouveau de marasquin. Couvrez du nappage à l'abricot. Réservez au réfrigérateur pendant 2 h.

Décorez avec les copeaux de chocolat, écorces confites et pistaches réservés. Servez très frais.

Conseil

Pour réaliser vous-même des copeaux, raclez tout simplement la plaque de chocolat avec un économe.

Abricots rôtis à la farigoule

4 PERS. // PRÉPARATION : 10 MIN // CUISSON : 10 MIN

- 800 g d'abricots
- 3 cuil. à soupe d'amandes effilées
- 150 g de sucre en poudre
- 50 g de beurre
- 1 cuil. à soupe de miel
- 4 cuil. à soupe de farigoule

Faites dorer les amandes effilées, à sec, dans une poêle antiadhésive bien chaude, puis mettez-les de côté. Rincez et essuyez les abricots. Laissez-les entiers avec leur noyau.

Versez 10 cl d'eau dans un wok (à défaut, utilisez une sauteuse à bord évasé). Ajoutez le sucre. Portez à ébullition. Laissez bouillir le sirop obtenu, à feu moyen, pendant environ 3 min, en surveillant. Dès que le sirop commence à blondir, ajoutez les abricots. Faites cuire pendant 5 min, en secouant régulièrement le wok dans un mouvement de va-et-vient.

Ajoutez le beurre et le miel au jus de cuisson. Faites cuire pendant encore 2 min, en faisant rouler les abricots dans ce jus légèrement caramélisé. Faites chauffer la farigoule dans une louche, versez sur les abricots et faites flamber hors du feu. Dès que les flammes sont éteintes, parsemez d'amandes et servez aussitôt.

Variante

La farigoule, fameuse liqueur de thym provençale, peut être remplacée par du kirsch.

Nids d'abricots, glace Fjord-citron

4 PERS. // PRÉPARATION : 20 MIN // CUISSON : 15 MIN // PRISE EN GLACE : 40 MIN

- 150 g de vermicelles de kadaïf
- 6 abricots
- 75 g de beurre
- 40 g de sucre glace
- 3 cuil. à soupe de miel

Pour la glace

- 2 pots de Fjord (250 g)
- 1 cuil. à soupe de crème
- 80 g de sucre en poudre
- 1 citron

Pour la glace, mélangez le Fjord avec la crème, le sucre, le zeste râpé et le jus du citron. Faites prendre en glace en sorbetière, puis réservez au congélateur jusqu'au dernier moment. À défaut d'une sorbetière (dans laquelle la glace est prête en 40 min environ), placez la préparation au congélateur. Fouettez à trois reprises, jusqu'à complète prise en glace (comptez environ 3 h).

Préchauffez le four à 210 °C (th. 7). Faites fondre 50 g de beurre. Démêlez les vermicelles de kadaïf. Déposez-les en 4 petits nids sur une plaque recouverte d'une feuille de papier cuisson. Badigeonnez ces nids avec le beurre fondu. Faites cuire au four pendant 10 min. Saupoudrez de sucre glace. Remettez au four un instant pour faire caraméliser.

Rincez et essuyez les abricots. Ouvrez-les et dénoyautez-les. Faites-les revenir 2 min à la poêle dans le reste de beurre. Nappez de miel. Couvrez. Poursuivez la cuisson, à feu doux, pendant 5 min. Répartissez-les sur les nids de kadaïf. Servez aussitôt, accompagné de la glace.

Conseil

Faits d'une pâte à base de farine de blé et d'eau, les vermicelles de kadaïf sont proposés en sachet de 500 g au rayon des produits frais dans les épiceries orientales. Prélevez la quantité demandée, puis congelez le reste pour en avoir à disposition.

Coulis d'abricots

6 PERS. // PRÉPARATION : 15 MIN // RÉFRIGÉRATION : 2 H

- 600 g d'abricots très mûrs
- 100 g de sucre en poudre
- 2 cuil. à soupe de jus de citron

Rincez et essuyez les abricots. Ouvrez-les et dénoyautez-les. Coupez-les en morceaux. Mixez-les à grande vitesse, avec le sucre et le jus de citron, pendant 1 min.

Filtrez ce coulis à travers une passoire étamine. Réservez au réfrigérateur pendant au minimum 2 h. Servez très frais, en accompagnement d'une charlotte aux fruits, de fromage blanc, d'une glace ou d'un blanc-manger. Le coulis ne se conserve pas plus de 48 h au réfrigérateur. Mais vous pouvez le congeler dans plusieurs petites boîtes en plastique, afin d'en avoir à disposition tout au long de l'année.

Variante

Passé la saison des abricots, mixez des abricots au sirop avec 2 ou 3 cuillerées à soupe de confiture d'abricots. Parfumez alors d'un trait d'Amaretto (liqueur italienne faite à base d'amandes de noyaux d'abricots) ou de quelques gouttes d'extrait d'amande amère.

Confiture d'abricots

4 POTS // PRÉPARATION : 15 MIN // MACÉRATION : 12 H // CUISSON : 20 MIN

- **1 kg d'abricots bien mûrs pesés dénoyautés**
- **800 g de sucre cristallisé**
- **1 citron**

Rincez et essuyez les abricots. Ouvrez-les et dénoyautez-les. Si vous aimez la confiture avec morceaux, laissez les oreillons d'abricots tels quels. Sinon, coupez-les en petits morceaux. Mettez-les dans un saladier avec le sucre et le jus du citron. Mélangez. Couvrez et laissez macérer au réfrigérateur pendant 12 h.

Au bout de ce temps, versez le contenu du saladier dans une bassine à confiture ou dans une grande casserole. Portez à ébullition à feu doux. Faites alors cuire pendant 15 à 20 min à feu vif. Vérifiez la cuisson : quelques gouttes de confiture versées sur une assiette très froide figent alors presque immédiatement.

Écumez et mettez en pots. Fermez-les aussitôt en vissant les couvercles à fond, puis retournez-les sur les couvercles. Laissez reposer pendant 24 h avant de remettre les pots à l'endroit et de déguster. Cette façon de procéder permet de stériliser légèrement la confiture et d'obtenir ainsi une meilleure conservation.

Variante

La saison des amandes fraîches coïncidant avec celle des abricots, ajoutez une quinzaine d'amandes mondées (pelées, ébouillantées et fendues en deux) en fin de cuisson.

Chutney d'abricots au gingembre

4 POTS // PRÉPARATION : 30 MIN // CUISSON : 1 H

- 1 kg d'abricots secs
- 1 gros oignon rouge
- 40 g de gingembre frais
- 1 piment oiseau
- 1 cuil. à soupe de graines de moutarde
- 2 cuil. à café de quatre-épices
- 1 cuil. à soupe de sel
- 450 g de cassonade
- 60 cl de vinaigre de cidre

Rincez les abricots. Pelez et hachez l'oignon. Pelez le morceau de gingembre et râpez-le finement.

Réunissez ces éléments dans une casserole inoxydable avec le piment émietté, les graines de moutarde, les quatre-épices et le sel. Ajoutez 40 cl de vinaigre. Portez à ébullition. Laissez cuire à feu doux pendant 30 min, en mélangeant souvent.

Versez le reste de vinaigre. Ajoutez la cassonade. Mélangez bien. Poursuivez la cuisson 30 min environ, en mélangeant souvent, jusqu'à ce que tout le liquide soit évaporé et que l'ensemble ait la consistance d'une épaisse confiture.

Mettez en pots. Laissez reposer pendant 24 h, avant de proposer ce chutney en accompagnement des curries, des viandes froides et des volailles grillées. Sachez qu'il se conserve jusqu'à 2 mois dans son pot fermé, placé dans la porte du réfrigérateur.

Conseil

Mélangez le chutney très régulièrement en début de cuisson, puis sans discontinuité en fin de cuisson.

Carine Zurbach remercie vivement pour leur gentillesse et leur disponibilité les boutiques citées :
Les Autruches – 32, rue Boulard – 75014 Paris – Tél : 0143 20 23 62
Cornershop – 3, rue Saint-Paul – 75004 Paris – Tél : 01 42 77 50 88

Dans la même collection
j'aime et je cuisine la courgette
j'aime et je cuisine le citron
j'aime et je cuisine la fraise
j'aime et je cuisine la tomate
j'aime et je cuisine le potiron
j'aime et je cuisine le chocolat
j'aime et je cuisine le concombre

Création graphique-couverture : Laurent Quellet
Création graphique-intérieur : Nord Compo
Mise en pages : Nord Compo
Stylisme des photos : Carine Zurbach
Suivi éditorial : Odile Raoul
Suivi de fabrication : Catherine Maestrati
Photogravure : Nord Compo

Achevé d'imprimer en mai 2007
par SNP Leefung en Chine